AF227266

RAPPORT

A M. MAGNIN

Ancien ministre du Commerce

SUR LA MISSION CONFIÉE PAR LE GOUVERNEMENT

DE LA DÉFENSE NATIONALE

A M. P. DE MONTGAILLARD

Le 7 décembre 1870

PARIS

IMPRIMÉ CHEZ ALCAN-LÉVY

61, RUE DE LAFAYETTE

1871

RAPPORT
A M. MAGNIN

Ancien ministre du Commerce

SUR LA MISSION CONFIÉE PAR LE GOUVERNEMENT
DE LA DÉFENSE NATIONALE

A M. P. DE MONTGAILLARD

Le 7 décembre 1870.

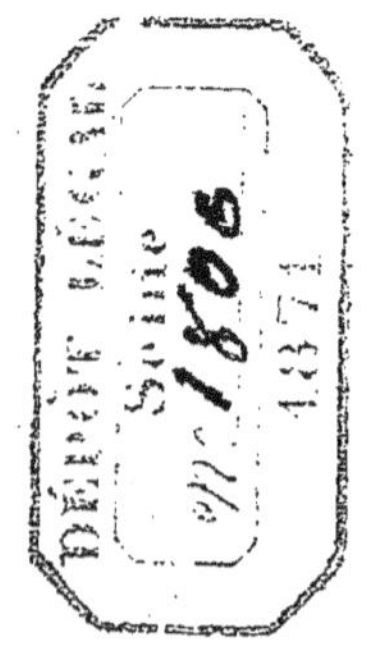

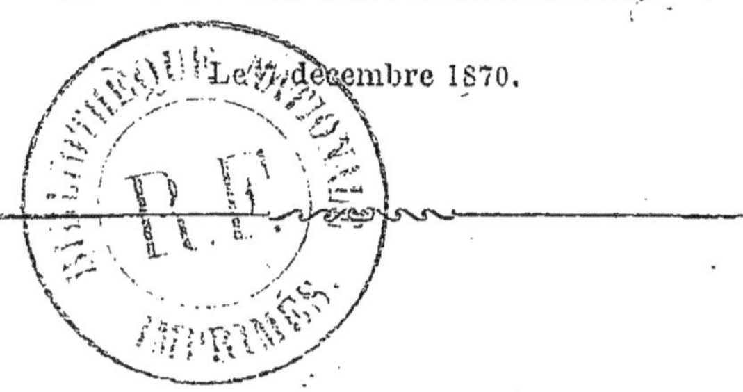

Monsieur,

Lorsque vous étiez ministre du Commerce du Gouvernement de la défense nationale, je me présentai à vous, sous les auspices de M. L. Renault-d'Alfort, alors secrétaire général de la Préfecture de Police, aujourd'hui préfet du Loiret, afin de vous soumettre un plan de ravitaillement par la Haute-Yonne, l'Yonne, et la Haute-Seine.

Déjà, depuis longtemps, je m'en étais préoccupé et je m'adressai d'abord à M. Krantz, ingénieur en chef, qui me répondit, le 12, la lettre suivante :

Paris, le 12 novembre 1870.

L'ingénieur en chef de la troisième section de la navigation de la Seine à M. de Montgaillard.

Monsieur,

J'ai vivement regretté de n'avoir pu me trouver à votre rendez-vous d'hier ; je ne m'appartiens plus en ce moment, aussi, si vous voulez bien, nous remettrons à quelques jours l'examen de votre plan de ravitaillement.

Veuillez agréer, Monsieur, l'assurance de mes sentiments distingués.

V. KRANTZ.

J'en avais déjà *longuement* causé avec M. Carnot (Ad.), ingénieur des mines, secrétaire de M. Dorian, qui m'écrivit une lettre en date du 17 novembre, que voici :

Paris, le 17 novembre 1870.

Monsieur,

J'ai parlé de votre projet à M. Collignon, inspecteur des ponts et chaussées, qui s'est déjà beaucoup occupé des questions de ravitaillement et qui a témoigné de l'intérêt pour les idées que vous m'avez exposées.

Il serait disposé à vous recevoir, et à examiner le projet avec vous, dès que vous voudrez vous présenter.

Il est régulièrement au ministère des travaux publics de 9 à 11 heures et de 2 à 6 heures.

Recevez, Monsieur, l'assurance de mes sentiments très distingués.

A. CARNOT,
Ingénieur des Mines.

Sur ces entrefaites, j'eus l'honneur de vous voir ; mon plan vous parut assez pratique pour en parler sur le champ aux membres du Gouvernement de la défense nationale.

M. le général Trochu vous exprima le désir de me recevoir, ainsi que cela résulte de votre lettre en date du 25 novembre 1870.

Monsieur P. de Montgaillard.

Paris, le 25 novembre 1870.

Monsieur,

Vous pouvez aller demain, samedi, à 9 heures, chez monsieur le général Trochu, gouverneur de Paris, il vous recevra et sera bien aise d'entendre vos propositions de ravitaillement que j'ai indiquées au gouvernement hier soir.

Croyez, Monsieur, à mes bons sentiments.

G. MAGNIN.

Je me rendis chez le gouverneur ; mon audience fut longue. Je lui expliquai, aussi complètement que possible, de quelle façon je comptais opérer ; mes plans parurent le frapper, et, se levant, il me tendit la main avec bienveillance en m'annonçant que je partirais dès que le temps le permettrait, pour exécuter le ravitaillement en question.

Et croyez, Monsieur, que ce n'était pas sans avoir mûrement pesé toutes choses, sans avoir pris l'avis d'hommes comme moi habitués à la navigation et pratiques en cette matière ; ce n'était pas sans m'être entouré des renseignements les plus précis possibles sur l'état des rivières indiquées ci-dessus, que je mettais en avant un pareil projet.

En vous soumettant mes idées, je les savais possibles d'exécution ; non-seulement possibles, mais j'étais et je suis encore sûr que, tout en faisant la part bien large aux éventualités *certaines*, j'aurais, il est vrai au péril de ma vie et de celle des hommes dévoués prêts à marcher avec moi, j'aurais introduit dans la capitale soixante-dix pour cent du convoi de vivres qui m'aurait été confié.

Vous savez et vous devez vous rappeler, Monsieur, que je vous déclarai, ainsi qu'à M. le général Trochu, soit de vive voix, soit dans les lettres que j'eus l'honneur de vous écrire le 27 novembre 1870 :

Que je n'entendais faire de cette opération aucun profit commercial, que j'espérais bien être chargé de cette patriotique entreprise, et je ne demandai à l'État autre chose que de me défrayer, moi et mes hommes, de mes débours et frais, qu'en somme je venais simplement et *gratuitement* mettre une idée pratique au service de mon pays, et que je ne réclamais en fin de compte que d'en diriger la périlleuse exécution avec mon *expérience* et mon énergie très connues.

J'ajoutai cependant que, si moi et mes hommes venions à succomber, nous recommandions nos femmes et nos enfants à la France.

C'est bien là, Monsieur, tout ce qui fut dit entre nous, et je ne crois pas que ma mémoire me fasse défaut.

Paris, 27 novembre 1870.

Monsieur le Ministre,

J'ai l'honneur de vous informer que je suis prêt à partir dès demain mardi, dix heures du soir, pour exécuter le plan de ravitaillement de Paris par la Seine, plan que j'ai soumis à monsieur le président du Gouvernement de la défense nationale, d'après la communication que vous avez bien voulu en faire en séance du Conseil.

J'ai vu avec bonheur que Monsieur le général Trochu et vous, Monsieur le Ministre, approuviez mes idées pratiques basées sur l'expérience acquise soit par mes études spéciales, soit par le fait de mon industrie, que vous rendiez justice aux sentiments qui m'animent, et je puis vous dire que je mettrai au service de la réalisation de ce projet plus sérieux qu'on ne le peut supposer encore, toute mon énergie et le plus absolu dévouement.

Vous savez, Monsieur le Ministre, ce que je vous ai demandé pour moi et mes hommes dans le cas où nous viendrions à succomber ou à devenir prisonniers de guerre. Vous savez que nous devons être munis de Commissions régulières émanant du ministère de la guerre. Vous savez aussi que j'ai besoin des pouvoirs les plus larges possibles, etc., etc.

Muni de tout cela, je suis prêt à partir demain, ainsi que je vous l'ai dit.

J'aurai l'honneur de vous présenter les hommes qui participeront à mon plan d'ensemble, à Paris, de Port-à-l'Anglais à Choisy, et notamment M. E. Ferré, administrateur délégué du touage de la Basse-Seine, qui dirigera l'opération intérieure.

Des instructions sont données par moi de façon à agir dès qu'il en sera temps, de concert avec le Gouvernement.

Je me tiens toute la journée à vos ordres, à partir de deux heures.

Je vous prie d'agréer, Monsieur le Ministre, l'expression sincère de mes sentiments de dévouement et de respect avec lesquels je suis votre très obéissant serviteur,

P. DE MONTGAILLARD.
6, rue Blanche.

Paris, 27 novembre 1871.

A Monsieur le Général Trochu, gouverneur de Paris.

Monsieur le Gouverneur de Paris,

Ainsi que vous me l'avez permis samedi matin, je prends la liberté de vous écrire ces quelques lignes.

A partir de demain, mardi, 28 novembre, dix heures du soir, je suis à la disposition du Gouvernement, prêt à partir pour exécuter le plan que je vous ai soumis, et que vous avez bien voulu approuver et autoriser.

Je me suis rendu hier chez Monsieur le Ministre de l'Agriculture et du Commerce, je lui ai soumis quelques questions de détail dont il a dû vous saisir déjà, et ainsi qu'il me l'a prescrit, je lui envoie ce matin une lettre dans laquelle je me mets à sa disposition.

Je me tiens à vos ordres, Monsieur le Gouverneur, vous remerciant du fond du cœur de l'accueil si bienveillant que vous avez bien voulu me faire, et trop heureux d'être utile à mon pays dans la modeste limite de mes ressources pratiques et de mes capacités spéciales.

Veuillez croire, Monsieur le Gouverneur, au profond respect et au dévouement le plus absolu avec lesquels je suis votre très obéissant serviteur.

P. DE MONTGAILLARD.

6, rue Blanche.

Mon plan fut adopté et l'exécution en fut donc résolue.

Le 4 décembre, j'eus l'honneur de recevoir une lettre de vous ainsi conçue :

Paris, le 4 décembre 1870.

Monsieur,

Vous devez recevoir, ce soir, de M. le secrétaire-général de la préfecture de police, un mot qui vous prie de passer auprès de M. le ministre de l'Intérieur, ce soir ou demain matin, pour régler les dernières dispositions relatives à votre départ, qui pourra avoir lieu d'ici à quarante-huit heures, si vous le voulez.

Agréez, monsieur, l'assurance de mes meilleurs sentiments.

Le ministre du Commerce,

J. MAGNIN.

Mais ne prévoyant mon départ le jour même, je m'étais absenté de chez moi, et je reçus le même jour, 4 décembre, à 9 h. 1/2, la lettre annoncée par vous, de M. Léon Renault :

M. de Montgaillard, rue Blanche, 6.

Dimanche, 4 décembre 1870, 9 h. 1/2 du soir.

Cher monsieur,

Je vous ai fait chercher, tout à l'heure, chez vous et chez votre père. M. le ministre des Affaires étrangères désirait vous faire partir de suite. Il y a un ballon ce soir à minuit. Je suis désolé qu'il ait été impossible de savoir où vous étiez. Je vous attends demain, *avant huit heures*, chez moi, 76, rue de la Victoire.

Bien à vous,

L. RENAULT,
Secrétaire général de la préfecture de police.

P. S. — Si vous pouviez, par hasard, aller aux Affaires étrangères, avant onze heures ce soir, allez-y.

Je ne pus me rendre chez M. Jules Favre que le lundi matin, 5 décembre.

Les journées du 5 et du 6 décembre se passèrent en régularisation de pouvoirs.

Paris, le 5 décembre 1870.

Mon cher ami,

Voulez-vous faire préparer, pour demain, un passeport pour M. de Montgaillard, qui partira en ballon demain, afin d'aller tenter un projet de ravitaillement.

A vous affectionné,

J. MAGNIN.

M. Ch. Ferry, ministère de l'Intérieur.

Paris, le 5 décembre 1870.

Monsieur,

Voici la lettre qui vous accrédite auprès de la Délégation du gouvernement à Tours.

Dans le but d'éviter toute méprise pouvant résulter d'accidents, je fais parvenir à M. Gambetta un *mot de passe* qui servira à constater votre identité.

Ce mot est : *Vive la Bourgogne.*

Je vous prie de déchirer cette lettre, puisque la marque d'idendité doit être confiée à votre mémoire.

Recevez l'assurance de mes sentiments distingués.

> Pour le ministre du Commerce,
>
> LANNE.

Paris, le 6 décembre 1870.

Le ministre de l'Intérieur invite les autorités civiles et militaires de la République française à prêter assistance et protection à M. Marie-Paul de Montgaillard, adjudant au 221e bataillon de la garde nationale de Paris, se rendant à Tours avec une mission spéciale du Gouvernement de la Défense nationale.

Paris, le six décembre mil huit cent soixante-dix.

> Le vice-président du Gouvernement de la Défense nationale, ministre de l'Intérieur par intérim,
>
> JULES FAVRE.

Paris, le 6 décembre 1870.

Monsieur,

Je vous souhaite bonne chance dans votre patriotique entreprise ; mes vœux vous accompagnent. Par une dépêche-pigeon annoncez-moi votre arrivée.

Voulez-vous me faire un grand plaisir, écrivez deux lignes à ma mère, Mme Magnin-Philippon, à Dijon (Côte-d'Or), pour lui dire que vous m'avez laissé à Paris en bonne santé, essayant de faire manger tout le monde de bonne humeur, et très décidé à donner ma vie pour racheter mon pays de ses désastres.

A Tours, voyez *Spuller*, secrétaire de Gambetta, parlez-lui de moi et demandez-lui aide et assistance.

Bon voyage. Au revoir. Je vous serre la main.

> J. MAGNIN.

Je partis donc le 7 décembre, à une heure du matin, de la gare d'Orléans, par le ballon *le Denis-Papin*, pour atterrir le lendemain entre Nogent-le-Rotrou et le Mans, à la Ferté-Bernard, à quelques kilomètres des lignes prussiennes.

Et, quoique notre ascension ait été relativement heureuse, quoique mieux partagés que certains de nos compagnons qui sont allés se perdre en mer ou se faire prendre par les Prussiens, quelques-uns fusillés par eux, dit-on, ou emmenés dans les forteresses, suivant les instructions de M. de Bismark, en date du 26 novembre 1870, malgré ce, dis-je, ma santé, profondément *altérée, s'en ressentira longtemps encore.*

Revenu à Paris, sans *avoir pu* accomplir la mission que le Gouvernement de la défense nationale m'avait confiée, je croyais de mon devoir et de ma dignité de vous adresser un rapport circonstancié sur tout ce qui s'était passé.

Mais les déplorables événements qui ont affligé la capitale ont retardé l'envoi de ce rapport, et je viens seulement aujourd'hui vous mettre au courant de ce dont vous avez dû vous douter, Monsieur, après les nombreuses dépêches que je vous adressais, et dans lesquelles je *réclamais votre énergique intervention.*

De ce rapport il résultera qu'il n'a pas dépendu de moi que je n'exécutasse jusqu'au bout la patriotique entreprise dont j'avais été chargé, et que le mauvais vouloir, la résistance à vos ordres formels, et la force d'inertie opposée par calcul à mes efforts, ont été les véritables causes, les seules qui aient empêché l'exécution de mon plan.

Vous ne vous doutez pas de *tous les déboires, de toutes les amertumes dont j'ai été abreuvé,* moi qui venais offrir de tenter une des entreprises les plus périlleuses du siége de Paris, par pur dévouement à mon pays.

Il est bon de venir rappeler aussi rapidement, aussi sommairement que possible, mon plan et mes moyens d'exécution.

*
* *

Le ravitaillement par la Basse-Seine pouvait devenir difficile et présenter des obstacles sérieux.

On avait à lutter contre le courant et cette première difficulté exigeait l'emploi de la vapeur et de forces motrices considérables pour vaincre ce courant souvent fort, surtout par le fait de la destruction des ponts, qui, sur certains points, amenait la formation de *véritables rapides*, que la chaîne de touage, malgré sa puissance, aurait eu beaucoup de peine à franchir.

En outre, depuis Saint-Germain, la Seine forme de tels contours que souvent elle n'est séparée, comme entre Rueil et Courbevoie, que par quatre kilomètres de terre, et que ce pendant de Rueil à Courbevoie, par le lit du fleuve, il y a plusieurs lieues, une énorme distance.

Le ravitaillement par la Basse-Seine aurait présenté des difficultés *au point de vue de la navigation*, et, dans tous les cas, il ne pouvait s'effectuer, comme on en avait du reste l'intention, que soutenu par une opération militaire puissante, par une suite d'opérations, veux-je dire, tandis que par la Haute-Seine j'avais pour moi le courant, et par suite nul besoin de force motrice, et voici comment j'opérais :

Je calculais que mon périlleux voyage devait avoir lieu vers commencement janvier, c'est-à-dire au moment où les eaux sont les plus fortes, grossies par les neiges, les rivières étant rarement prises, mais charriant d'énormes glaçons qui devaient être mes alliés.

Je savais que les Prussiens n'avaient fait d'ouvrage qu'après Corbeil, en amont de Choisy-le-Roi, et quelques ponts de bateaux faciles à désorganiser; qu'ils avaient, en ces endroits, placé quelques torpilles et établi une batterie volante sur la pointe de Choisy.

Tous ces détails, je les connaissais avant de quitter Paris par des rapports *sûrs*, et ils se trouvèrent confirmés par les *renseignements précis* que me donna à Bordeaux M. Jousselin, sous-préfet de Fontainebleau, renseignements qu'il avait fournis officiellement au Gouvernement ou plutôt à la délégation.

Pour passer, il fallait donc produire une crue factice, avoir peu de tirant d'eau et augmenter encore la vitesse du courant du fleuve grossi par les neiges, charriant d'énormes glaçons qui avaient déjà désorganisé quelques ponts de bateaux et certains obstacles créés.

C'était une opération difficile, périlleuse, mais elle était possible;

Et les guerres de la sécession d'Amérique ont eu des coups de main autrement hardis que celui-là.

Muni des pouvoirs que vous m'aviez donnés, je devais réunir sur différents points les approvisionnements que le Gouvernement *fournissait*.

Les denrées, salaisons, légumes secs, etc., etc., étaient renfermés sous ma direction dans des récipients, grandes caisses, ou plutôt barils ou tonneaux, rendus insubmersibles par le vide fait au moyen du calcul du poids spécifique de la marchandise.

Ces tonneaux, si vous voulez bien, une fois établis, je les plaçais sur des wagons de chemins de fer et je les dirigeais de tous les points où ils m'auraient été remis, vers la Nièvre, Clamecy par exemple, plus loin si je l'avais pu, le plus près possible de Paris, de façon à être prêt à saisir le moment favorable.

J'étais sûr de deux cents mariniers ou flotteurs de la Nièvre et de l'Yonne, gens parfaitement résolus.

Le moment opportun venu, je faisais jeter dans la rivière d'Yonne tous mes tonneaux et j'en formais rapidement des radeaux n'ayant pas plus de cinquante centimètres de tirant d'eau.

Ces radeaux, rapidement construits, alors avait lieu le départ.

Dans la Nièvre se trouvent des réservoirs considérables destinés à alimenter les canaux du centre et à produire le *flot* sur l'Yonne, *le mercredi* et *le dimanche*, opération assurant, par la lâchure d'une quantité d'eau déterminée, une crue factice, un courant assez rapide pour permettre à la batellerie et au flottage de se diriger avec une certaine vitesse sur Paris, sans craindre les basses eaux assez habituelles dans certaines saisons.

Le bassin des Sétons renfermait 38,000,000 de mètres cubes d'eau.

C'est donc par la lâchure d'une masse considérable de ce bassin, que je devais produire une crue factice et permanente de quelques heures, donner au courant une vitesse exceptionnelle, et au moyen de la crue combinée avec les glaces, et la hauteur toujours considérable des eaux en cette saison, surmonter tous les obstacles créés en même temps qu'inondant les rives à une certaine distance, empêcher l'ennemi de s'approcher de trop près, noyer les batteries volantes et les travaux de la pointe de Choisy, et parvenir ainsi à introduire une grande partie de mon train dans Paris.

Mes radeaux une fois formés, dis-je, j'envoyais un télégramme à l'ingénieur du Gouvernement, en lui indiquant que j'étais prêt et qu'il ait à faire une lâchure assez considérable pour produire la crue qui m'était nécessaire.

En même temps, pour prévenir Paris de tenir prêt le train de secours, je faisais lancer à l'eau le contenu de cent tonneaux d'encre de Chine, signal qui ne pouvait pas être intercepté, et qui devait lui annoncer mon arrivée.

Le flot survenant, je partais avec mes radeaux et mes hommes, et je calculais, par la vitesse que devait avoir le courant, mon départ, de façon à arriver vers Montereau à la nuit et à passer à la faveur de l'obscurité à Corbeil, Athis, Villeneuve et Choisy.

Les rives étant noyées, je n'avais à craindre que le feu de l'artillerie. Je ne me faisais nullement illusion; je savais que nous y risquions notre vie; mais, malgré ce, en faisant une large part aux éventualités malheureusement certaines, j'étais assuré de faire entrer dans Paris une grande partie de mon train.

L'artillerie prussienne aurait lancé de nombreux projectiles sur nos radeaux, je l'admets; outre que le feu devait être plongeant et par suite beaucoup plus difficile, j'accorde que certains de mes radeaux auraient été désorganisés.

Mais remarquez qu'ils sont formés d'*éléments divers insubmersibles;* malgré la destruction de quelques-uns de ces éléments, les autres n'en seraient pas moins restés intacts et auraient surnagé; poussés par le courant, ils seraient devenus, comme les glaçons, de simples corps flottants, qui auraient suivi le fil de l'eau et formé avec les autres radeaux et les glaçons une masse devant laquelle n'auraient pu rester debout les ponts de bateaux, seuls obstacles subsistant, par suite de l'élévation factice et subite des eaux au-dessus du niveau existant, élévation non prévue par les Prussiens, — et ils auraient renversé ces ponts avec d'autant plus de facilité, que le courant aurait acquis, par suite de la lâchure exceptionnelle faite des bassins de la Nièvre, une rapidité également inusitée.

On se défend du feu, du fer . . . on se défend difficilement ou plutôt jamais de l'inondation.

Mes hommes, habitués à la Seine, la connaissant comme l'aveugle connaît les chemins qu'il parcourt chaque jour, auraient parfaitement conduit les radeaux dans l'obscurité à partir de Montereau, et nous avions chance de réussir.

Il est évident qu'arrivés à Corbeil, nous aurions rencontré de grandes difficultés et surtout de grands dangers. Je ne me faisais pas illusion et, malgré tous les appareils de sauvetage dont nous aurions pu nous munir, notre vie était réellement en grand péril. Mais nous le savions et nous en avions accepté toutes les conséquences.

Je savais aussi que les batteries de Villeneuve et de l'Hay pouvaient nous faire un mal considérable, mais je comptais sur la nuit, l'obscurité et sur le train de secours que je devais trouver entre Choisy et Port-l'Anglais.

Voilà, Monsieur, dans l'importante entreprise du ravitaillement de Paris, pendant son investissement, le rôle et les dangers qui m'étaient réservés et que j'avais même sollicités.

Mais les obstacles franchis dans une proportion quelconque, il s'agissait de fuir au plus vite vers Paris, pour y mettre en lieu sûr les marchandises échappées aux lignes prussiennes.

Pour cela, il fallait organiser un train de secours :

M. Em. Ferré, administrateur délégué de la Compagnie du touage de la Basse-Seine, se proposa pour organiser le personnel et le matériel nécessaires au train de secours et pour le diriger lui-même à ma rencontre, s'il était nécessaire, jusque sous le feu de l'ennemi.

M. Em. Ferré, que vous avez eu la bonté de recevoir souvent, vous exposa, à son tour, son plan de train de secours.

Vous voulûtes bien lui demander son rapport détaillé sur son plan et sur les dépenses approximatives qu'il entraînerait.

Il eut l'honneur de vous adresser le rapport suivant :

Monsieur le Ministre,

J'ai l'honneur de vous remettre la note que vous avez bien voulu me demander relativement à la formation d'un train de secours destiné à assurer, en l'accélérant, l'entrée dans Paris d'un train de ravitaillement que prépare, en province, monsieur de Montgaillard, ou à opérer le sauvetage des colis apportés, dans le cas où le train serait attaqué et désorganisé par les feux ennemis.

Ne pouvant raisonner sur les dangers que pourra courir le train de ravitaillement, au-delà des lignes d'investissement, je me borne à dire, qu'arrivé à la hauteur de ces lignes, le train parviendra à les franchir intact, ou à peu près intact, ou sera désorganisé par l'artillerie de l'ennemi.

Dans la première hypothèse, l'ennemi aurait été surpris ; mais il est difficile d'admettre que cette surprise dure assez longtemps pour que, le premier moment passé, il ne poursuive de tous ses feux le train qu'il n'aurait pu arrêter.

Dans ce cas, on détacherait immédiatement du train de secours des vapeurs et des toueurs qui imprimeraient une plus grande vitesse au train de ravitaillement fuyant vers Paris, et l'on ferait accompagner ce train par les bateaux de secours, pour parer à tout sinistre.

Dans la seconde hypothèse, le train de secours, barrant le fleuve, recueillerait les colis venant à la dérive, et les bateaux chargés rapidement fuiraient à toute vitesse sur Paris, avec leur précieux chargement.

L'une des deux hypothèses devant se produire, l'utilité d'un train de secours devient évidente, et je crois, monsieur le Ministre, inutile d'y insister.

Le train de secours, qui a pour principale mission de faire

franchir les lignes d'investissement au train de ravitaillement, ne doit marcher à sa rencontre qu'armé en guerre. L'attention de l'ennemi éveillée, la lutte sera d'autant plus vive, qu'il comprendra mieux l'importance de notre opération. Il nous faut donc des moyens de défense égaux et même supérieurs aux moyens d'attaque.

Aussi, sans insister sur un point qui n'est nullement de ma spécialité, permettez-moi, monsieur le Ministre, de vous déclarer, qu'à mon avis, le train de secours devrait être escorté de toute la flottille des canonnières réunies à Paris et que, pour mieux encore assurer nos chances, nous devrions en outre être aidés par une diversion militaire opérée sur les rives de la Seine.

Ce sont là, monsieur le Ministre, de grands moyens mis en mouvement ; aussi, pour les légitimer, le ravitaillement devrait, ce me semble, comporter trente mille tonnes de denrées ou de subsistances, ce qui ferait, à cinq cents grammes par habitant et par jour, un approvisionnement de trente jours. Or, en raison des enfants présents à Paris, qui ne consomment pas cinq cents grammes par jour, on pourra arriver à un ravitaillement de quarante à cinquante jours.

C'est avec le plus grand soin, monsieur le Ministre, que j'ai établi l'état ci-dessous. Je me suis assuré par moi-même de la présence à Paris du matériel qui y est mentionné. Je me suis également fixé sur les prix et je crois que l'opération terminée, je resterai au-dessous de mes évaluations.

Etat descriptif et estimatif du matériel, du personnel et des dépenses nécessaires pour réaliser l'opération projetée de ravitaillement de la ville de Paris.

I

MATÉRIEL PRINCIPAL ET ACCESSOIRES

1° Matériel principal.

	Tonnes.
4 vapeurs porteurs et remorqueurs portant chacun 100 tonneaux, soit..	400
8 chalands pontés et munis de grues, portant ensemble	2.000
140 péniches pontées et bateaux non pontés de l'Yonne et de la Marne portant en moyenne 200 tonnes chacun.	28.000
Total.........................	30.400

2° Matériel accessoire :

2 toueurs de la Haute-Seine pout opérer avec la chaine noyée.
3 grues à vapeur sur pontons, existant à Paris.
1 bachot par chaland et par périche, soit 148 bachots.
Outillage et agrès comprenant gaffes, cordes, ancres, chaînes, bouées, etc., etc.

II

DÉPENSES

1° Location du matériel :

	Francs.
3 vapeurs à 50 fr. par jour et par vapeur, soit pour une quinzaine...	3.000
8 chalands à 20 fr. par jour et par chaland, soit pour une quinzaine...	2.400
	5.400

Francs.

Report..... 5.400

140 péniches et bateaux non pontés à 10 fr. par jour et par bateau, soit pour une quinzaine. 21.000

2 toueurs sur chaîne à 50 fr. par jour et par toueur, soit pour une quinzaine. 1.500

3 grues à vapeur sur ponton avec leurs agrès, à 30 fr. par jour et par grue, soit pour une quinzaine. 1.350

148 bachots, pour une quinzaine. 2.000

Outillage et agrès de sauvetage 5.000

2° Personnel :

4 vapeurs (1 capitaine, 2 mécaniciens et 2 matelots par vapeur), soit pour un mois d'appointements, 808 fr. par vapeur, et pour 4 vapeurs . . , ... 3.200

8 chalands (1 capitaine et 2 matelots par chaland) soit pour un mois d'appointements, 350 fr., et pour 8 chalands 2.800

140 péniches et bateaux non pontés (1 capitaine et 1 matelot par bateau) soit pour un mois d'appointements. 35.000

148 bachots (1 matelot par bachot), à 5 fr. par jour, et pour 15 jours seulement. 1.110

2 toueurs (1 capitaine, 1 mécanicien, 1 chauffeur et 2 auxiliaires par toueur) soit pour 2 toueurs et 1 mois d'appointements 1.600

3 grues ayant chacune son mécanicien pour un mois 500

Auxiliaires nécessaires aux opérations de sauvetage, en dehors des équipages mentionnés ci-dessus.

Deux hommes par bateau, soit pour 148 bateaux 296 auxiliaires.

(Ces hommes pourraient être choisis dans l'armée) *Mémoire.*

Un aide par bachot, soit 148 hommes.

(Prendre au besoin des soldats), *Mémoire.*

3° Combustible.

4 vapeurs consommant 170 kilogr. de charbon à l'heure pour 5 jours de 10 heures pendant toute l'opération, soit. . . . . 34 tonnes

Total......... 80.460

		Francs.
	Report........	80.460
2 toueurs, même temps de chauffe à 200 kilogr. à l'heure, soit.	20	»
3 grues à vapeur (3 jours de travail effectif) à 150 kilogr. par jour et par grue, soit pour 3 grues et pour 3 jours.	2	»
	56 tonnes	
à 60 fr. la tonne		3.360
4° Dépenses imprévues		5.000
	Total.	88.820

M. Ferré s'assure du personnel et du matériel nécessaires et n'attendait, pour se porter résolûment à ma rencontre, que l'avis qui devait lui être transmis per vous au commencement de mise à exécution de l'opération.

J'aurai terminé, Monsieur, ce qui concerne l'organisation du train de secours, quand j'aurai déclaré que, comme moi, M. Ferré s'offrait *par pur patriotisme et avec le désintéressement le plus complet*, à l'exécution d'une très périlleuse entreprise.

Tel est, Monsieur, le résumé très succinct du plan que je vous ai soumis en novembre 1870, et que vous m'avez chargé d'exécuter. Je juge inutile d'entrer dans mille détails dont j'ai dû vous faire part, mais qui étaient la partie technique de l'entreprise.

J'arrivai donc à Tours le 7, à minuit et demi, plein d'espoir, et heureux, malgré les périls auxquels nous venions d'échapper dans notre traversée aérienne, de penser que je pourrais faire quelque chose d'utile à mon pays, et apporter ma part de dévouement et de patriotisme.

Etrange illusion, Monsieur.

Nous arrivions avec mon brave marin, M. Domalain, fatigués par onze heures d'ascension; une descente difficile, un voyage de sept heures en chemin de fer, obligés, par suite de l'encombrement de la voie, de descendre du train et de faire deux kilomètres à pied pour gagner la gare de Tours, avec notre drapeau, notre baromètre et notre léger bagage.

Nous croyions trouver un accueil empressé, bienveillant. . , . .

M. le ministre de la Guerre était couché, et nous ne pûmes le voir. . . . .

Un employé supérieur du télégraphe qui nous reçut, s'occupa beaucoup plus des pigeons que de nous.

Enfin il était une heure du matin, nous étions fatigués, nous avions faim, nous avions soif, nous avions besoin de dormir, nous étions dans une ville à nous complètement inconnue . . . . . et personne ne nous offrit un verre d'eau, un gîte . . . . .

Je rencontrai là, heureusement, un jeune homme, devenu depuis magistrat, que j'avais connu à Paris, et qui, gracieusement, m'offrit la moitié de son lit.

Je ne voulus accepter qu'à la condition que mon brave compagnon de voyage serait certain d'avoir aussi un lit, et un *simple employé* du ministère de l'intérieur eut la bonté de courir avec lui la ville, et de lui trouver, après une grande heure de recherches, un gîte quelconque.

Voilà, Monsieur, l'exacte vérité. Voilà comment nous avons été reçus en tombant de ballon.

Cet accueil me présageait des déboires de tous genres. Ils n'ont pas manqué.

Le lendemain, à huit heures du matin, je me présentai au ministère de la Guerre. Je fis remettre par l'huissier les lettres que vous m'aviez remises et qui m'accréditaient auprès de la délégation de Tours et de M. Gambetta.

Il me semblait que j'eusse dû être reçu de suite ; il n'en fut rien. J'attendis jusqu'à une heure. . . .

Je fus introduit auprès du ministre de l'Intérieur et de la Guerre, dont l'accueil fut assez froid en même temps que très cavalier. Près de lui se tenait M. Spuller.

En entrant je m'empressai de lui donner le mot convenu : Vive la Bourgogne.

Il m'invita à m'asseoir en face de lui ; M. Spuller resta appuyé à la cheminée. . .

— Ah ça ! me dit le ministre, vous venez donc pour ravitailler Paris par la Seine. Vous êtes déjà la cinquième personne que l'on m'envoie pour opérer un ravitaillement, et le ravitaillement est impossible *(sic.)* .

— Pardon, monsieur le ministre, lui répondis-je, si vous me permettez de développer le plan, je suis un homme du métier ; ce plan a paru possible et au ministère des travaux publics, et au Commerce, et enfin au Gouvernement, et je suis certain que vous l'approuverez . . . C'est par la Haute-Seine que le ravitaillement peut se faire . . . Je suis presque sûr de mon fait, malgré les dangers qu'il y a à courir.

Et alors, sommairement, je lui expliquai comment j'opérerais.

— C'est impossible, Monsieur, me répondit-il.

Et M. Spuller ajouta : En voilà un plan ! ah ! ça mais, ils croient donc que si c'était possible nous ne ravitaillerions pas Paris : c'est une *toquade !* (Pardon du mot, il est authentique.)

Je me levai sur-le-champ, en répondant à M. Spuller que les gens qui meurent de faim ont toujours la *toquade* de chercher à manger. . .

Et me tournant vers le ministre, je lui exprimai vivement tout le déplaisir que j'avais de voir ma mission si mal accueillie, en lui disant que si j'avais su, je n'aurais pas quitté mes braves amis, je n'aurais pas couru les chances d'une ascension aussi périlleuse, pour venir faire aussi piteuse figure malgré les instructions que j'avais reçues et les ordres que j'apportais.

Le ministre, comprenant peut-être qu'il était allé trop loin, se leva et me dit :-

— Mais non, vous avez tort ; il faut voir cela. Au reste, allez trouver monsieur le délégué du ministre du commerce...

Et il me congédia sans s'inquiéter si j'avais besoin de quoi que ce soit.

Je sortis de cette entrevue, comme vous le supposez bien, triste et découragé.

Je me rendis sur-le-champ au ministère de l'agriculture et du commerce auprès de monsieur le délégué du ministre, M. Dumoustier de Frédilly. Je rencontrai chez monsieur le directeur du commerce intérieur une bienveillance très grande, à laquelle je m'attendais du reste. J'avais connu M. Dumoustier comme chef de division de la navigation aux travaux publics.

Il me dit que M. Césanne, ingénieur des ponts-et-chaussées, était chargé du ravitaillement de Paris par les voies ferrées de l'Ouest et de la Normandie, et qu'il avait dû profiter du mouvement de l'armée en avant d'Orléans pour faire avancer les trains de façon à ce qu'ils puissent pénétrer dans Paris rapidement, si l'armée de la Loire faisait sa jonction avec l'armée parisienne. Mais, ajouta-t-il, l'évacuation d'Orléans nous force à faire replier nos trains en toute hâte.

J'eus l'honneur de voir M. Césanne peu d'instants après. Par les quelques mots qui commencèrent notre conversation, je compris que M. Césanne était chargé spécialement du ravitaillement, qu'il avait pour cela la haute main, et que les dispositions bienveillantes de M. Dumoustier seraient pour moi à peu près inutiles, si, comme je l'entrevoyais déjà, je rencontrais chez M. Césanne la même opposition que chez MM. Gambetta et Spuller, et ici, non pas pour les mêmes motifs, mais par suite de ce sentiment naturel à l'homme qui *croit* se voir frustré d'une opération importante dont il pensait être seul le maître'; et cependant, M. Césanne opérait par l'Ouest et la Normandie, et moi par le Sud.

M. Césanne ajouta que, du reste, le Gouvernement se transportait à Bordeaux le soir même, ou le lendemain, que rien ne pouvait être décidé, et que nous nous reverrions à Bordeaux.

Je le quittai, persuadé que je n'obtiendrais pas de remplir ma mission.

Mais je me devais à moi-même de persister jusqu'au bout.

C'est avec la plus grande peine, après m'être adressé en vain à MM. Gambetta, Spuller, Ranc, et enfin avec plus de bonheur à l'administration du télégraphe, que je pus obtenir d'être dirigé sur Bordeaux, où j'arrivai le 11 décembre.

Là, Monsieur, devaient continuer mes déboires.

A peine arrivé, je cherchai à voir M. Gambetta, pour insister de nouveau sur la nécessité d'exécuter ma mission.

Il me fut impossible d'y arriver, grâce à M. Spuller et aux nombreux secrétaires qui l'entouraient.

Je me rendis au ministère du commerce.

M. Césanne n'était pas revenu.

Chaque jour amenait des démarches incessantes de ma part, démarches qui se brisaient devant la force d'inertie que l'on m'opposait partout.

J'eus l'honneur de vous envoyer plusieurs dépêches qui, je le crains, ne vous sont pas arrivées ; enfin, le 26 décembre, fatigué de cette lutte inégale que je soutenais, irrité de voir que l'on tenait aussi peu compte des ordres du Gouvernement de Paris, je vous adressai la dépêche suivante :

Bordeaux, arrivée le 8 janvier, par pigeon.

Déposée fin décembre.

Magnin, ministre du Commerce,

Après informations nouvelles, suis presque sûr que les points nécessaires sont libres. Malgré vos lettres, je ne puis obtenir les pouvoirs nécessaires pour agir. Veuillez les envoyer en règle par le prochain ballon, afin que, sans retard, je puisse accomplir ma mission. Je suis à Bordeaux à attendre vos ordres nouveaux. Veuillez m'adresser tout, administration des télégraphes et faire donner de mes nouvelles à mon père.

DE MONTGAILLARD.

Dépêche qui vous arriva le 8 janvier, et à la suite de laquelle vous adressâtes des instructions pressantes à votre délégué à Bordeaux, mais trop tard, hélas ! pour le succès de l'entreprise.

Du reste, pendant ces entrefaites, voyant qu'il n'y avait rien à faire auprès de M. Gambetta, je m'adressai au Comité des moyens de défense, à M. de Freycinet et à M. Lévy, ingénieur des ponts-et-chaussées à Sens, détaché auprès de M. Freycinet. Grâce à M. Lévy, dont je n'ai eu qu'à me louer, une commission se réunit.

Le délégué du ministre du Commerce désigna M. Césanne pour en faire partie en son nom. Elle se composait de MM. Césanne, Descombes, Lechatellier, Naquet, secrétaire du Comité de défense.

En même temps se présentait M. Larmanjat, ingénieur, arrivé après moi de Paris en ballon, avec une idée assez semblable, et M. Rampont lui avait dit qu'en soudant nos projets, nous pourrions marcher très bien ensemble.

Nos idées différaient en ceci : que M. Larmanjat, après avoir jeté les tonneaux à l'eau, les abandonnait sans former de radeaux et sans guides au courant, laissant à celui-ci le soin de les amener vers Paris, sans faire de crue et sans autres précautions. C'était trop problématique.

La Commission appela dans son sein un ingénieur en chef, chargé du service de l'Yonne, dont l'avis fut opposé à nos entreprises... Je ne puis ni ne veux rien ajouter autre chose, que notre pensée commune, à M. Larmanjat et à moi, fut celle-ci : L'ingénieur en chef de l'Yonne repousse l'idée parce qu'elle ne vient pas de lui.

J'eus beau affirmer devant la Commission que j'avais des ordres formels, que la chose était périlleuse, mais possible. Rien n'y fit.

J'ajoutai qu'en Amérique des coups de mains, autrement hardis, s'étaient effectués pendant les guerres de sécession, pour forcer les blocus les plus étroits.

Si la chose eût été facile, Messieurs, leur disais-je, le Gouvernement ne m'eût pas envoyé... et je terminai ainsi :

« Je ne me fais pas illusion : Nous y laisserons une partie
« de notre train; les chances mauvaises sont aussi nom-
« breuses que les bonnes; mais j'affirme la possibilité. Du
« reste, Messieurs, si l'on vous disait : voici 40,000 bœufs ;
« en voulant les faire entrer dans Paris, vous êtes sûr d'en
« perdre 25,000, 30,000 même, mais 10,000 y pénétre-
« ront... vous accepteriez, n'est-ce pas ?

Il en est de même pour mon entreprise.

« Je ne vous demande rien ; c'est pour moi un acte de
« pur dévouement à mon pays, dans lequel je risque ma
« vie.

« Eh bien, n'eussè-je que dix chances sur cent, dans la
« situation où est Paris, il faudrait tenter l'aventure. »

Tous ces raisonnements échouèrent devant le mot *impossible*, que ne justifiaient aucunes objections sérieuses
techniques, et j'eus la tristesse de voir échouer, contre je ne
sais quel sentiment, mes énergiques et persévérants efforts.

Je vous disais que j'avais eu des déboires et des amertumes ; vous le voyez, Monsieur, ces déboires ne m'ont pas
manqué.

Mais votre lettre arrivant, on voulut avoir l'air de faire
quelque chose pour moi, et M. Dumoustier de Frédilly, dont
je n'ai eu qu'à me louer, obtint du ministre de la guerre
que, tout en déclarant l'entrée de vive force impossible, la
concentration d'approvisionnements par le Sud était jugée
indispensable en cas de déblocus où de délivrance de Paris,
et nous étions chargés de l'exécuter, en vertu d'une lettre en
date du 19 janvier 1871.

Cette lettre, du reste *fort vague*, laissant beaucoup à
l'interprétation, ne me donnait pas de bien grands pouvoirs.

Malgré ce, je résolus d'aller jusqu'au bout, et, dès le commencement de février, j'adressai au délégué du ministre du
commerce, à Bordeaux, une dépêche lui annonçant que je
pouvais charger, à Marseille, cinq mille tonnes de ravitaillement, et que, suivant la lettre du 19 janvier, je le priais de
donner des ordres au chemin de fer pour me les prendre aux
conditions convenues.

Je reçus la dépêche suivante :

Urg. — Marseille-Bordeaux, 7270 49 16 11 25 matin.

Commerce à Montgaillard, poste restante, Marseille.

Par suite de l'armistice, votre projet n'a plus d'opportunité ;
le commerce peut envoyer directement par chemin de fer dans

la limite du possible. Les chemins prennent chargement, mais sans gêner l'expédition des trains de l'administration adressés à Paris.

Je m'y attendais.

Voici, Monsieur, le récit exact de mon voyage.

Comme je vous le disais, il n'a nullement dépendu de moi que je n'exécutasse jusqu'au bout la mission que vous avez jugé à propos de me confier.

Je ne pouvais pas accepter tous ces déboires sans vous en faire part, en même temps que j'ai cru de ma dignité de rendre compte de mon mandat à ceux qui m'avaient fait l'honneur de me le confier.

Et aujourd'hui, après les dangers de mon voyage aérien, après les suites si graves qu'il a eues pour ma santé, après toutes les amertumes que j'ai éprouvées, les humiliations que j'ai subies là où je n'aurais dû trouver qu'appui, accueil bienveillant, il ne me reste que la conviction de mon devoir scrupuleusement et énergiquement accompli, rien de plus.

Je serais heureux, Monsieur, de voir que vous et vos anciens collègues de la Défense nationale, voulussiez bien me rendre justice et me consoler ainsi des tristesses de tous genres dont j'ai été abreuvé à Tours et à Bordeaux.

Veuiller agréer, Monsieur, l'expression respectueuse de mes sentiments les plus distingués.

P. DE MONTGAILLARD.

Paris. — Typ. Alcan-Lévy, rue de Lafayette, 61.